CON LAS FALDAS NO HAY AMIGOS

Miguel Barrera Durán

CON LAS FALDAS NO HAY AMIGOS

Miguel Barrera Durán

Primera edición: mayo, 2025
Título: con las faldas no hay amigos

07012 Palma (Mallorca)
www.rapitbook.com

ISBN: 978-84-10484-26-9

Autor: Miguel Barrera Durán
Diseño de cubierta: Melissa Mir
Edición: Auba Mas i Melissa Mir

Impresión y encuadernación:
Fotocopistería Impresrapit, s. l.
www.impresrapit.com

Impreso en España - *Printed in Spain*

Índice

NOTA DEL AUTOR

Uno de los motivos, para mí, de presentar esta obra es para que aparquen el duro estrés que nos toca vivir por distintas razones y suplementarlo por unas risas o, porque no, carcajadas, por desgracia, casi ya olvidadas.

PERSONAJES POR ORDEN DE APARICIÓN

SANCHO

Es un joven camarero que no le gusta mucho el trabajo. Viste de hostelería o, por lo menos, con delantal y corbatín.

SR. LA ROSA

Hombre de buen ver, elegante, atlético y educado, cuándo no le hacen la contraría. Se siente un Don Juan con las mujeres. Viste de traje y maletín.

JUSTINA:

«Chafarderita».

CLEMENTINA

«Chafarderita».

DOÑA ROGELIA

Pasota y más chafardera.

NIETA

Niña.

SR. SILVERIO:

Vejete de unos setenta y algunos más, casi ochenta, que, a pesar del tembleque en una pierna, artrosis, artritis, problemas de circulación, riñones y diabetes; tiene una vitalidad de veinte años, en otras palabras, un viejo verde, a pesar de emplear una trompeta como las comadronas para oír, al estar más sordo que una tapia. Viste de su edad, pero tiene muy mal genio.

PADRE BLAS

Sacerdote católico muy afín al viejo Silverio por la debilidad carnal, pero este, con casi treinta más joven y bastante menos quisquilloso. Viste de sotana.

DON ANTONIO

Hombre muy prudente que las mata callando, tiene la debilidad del vejete, pero no todo es oro lo que reluce. Viste de *sport*.

AMAPOLA

Jovencita moderna y, al parecer, juguetona que se enamora con una facilidad asombrosa. Viste juvenil y falda corta.

TORCUATO

Joven tremendamente celoso y un poco esquizofrénico, y, para colmo, es el novio de Amapola. Viste de calle.

PALOMA

Joven muy guapa y de muy bien ver, viste juvenil y con falda más bien cortita.

JULITA

Si no fuera por la voz; casi podría pasar por una bella señorita. Es un travestido que engañaría a cualquiera. Viste de mujer, pero algo bastilla.

MONJA

Muy devota y puritana, pero Don Blas, cuida muy bien de ella. Viste con los hábitos de una sierva del Señor.

ESCENA I

El escenario muestra una terraza de un bar con unas cuantas mesas. Efectos de ruido de calle, tal vez gente cruzando el escenario.

Sancho, el camarero, está a la espera de clientes con la bayeta en la mano intentando limpiar una mesa de muy mala gana, ya que es un poco vago cuando llega el Sr. LA ROSA sentándose en una mesa lateral, Sancho se hace el desentendido y, al cabo de un rato de espera, se escucha una exclamación.

SR. LA ROSA:

(Con acento argentino). ¡Camarero...! Por favor.

El sirviente tira la bayeta descaradamente para ir a su encuentro.

SANCHO:

(Muy enfadado). ¿Qué quiere?

SR. LA ROSA:

(Muy cortésmente). Pues tomaría un buen ponche criooojo, sabeeis *(Sancho le mira malamente pensado que se guasea).* ¡Perdón, que despiste! Pensaba estar allá, en

Argentina *(sonriente)*; Me dais un café, por favor. *(abriendo el maletín. Pensando que el sirviente ha tomado la comanda, cuando observa que sigue a su lado más inmóvil que una estatua).*

SR. LA ROSA:

¿Acaso no me habéis entendido, señor?

SANCHO:

¡Síií! *(muy afirmativo, pero sin moverse).*

SR. LA ROSA:

Ahorita, ¿qué esperáis?

SANCHO:

(Seco). ¡No tengo café!

El argentino hace un despliegue de manos, exclamando.

SR. LA ROSA:

¡Pero bueno...! ¿Qué desiiis? *(El tabernero sigue mirándole con mucha mala leche y esto pone nervioso al solicitante).* Pues traedme una limonada, naranjada, tónica o cerveza... ¡Pero traedme algo, cheee! *(Cerrando de nuevo el maletín, algo molesto).*

Sancho vuelve hacer un gesto de mosqueo a la vez que, cogiendo la bayeta de muy mala gana, sale de escena. Una vez solo, el argentino, abre de nuevo el maletín, empezando a escribir.

ESCENA 2

Mientras llega Justina, sentándose en el lateral opuesto al argentino. En la mano lleva una bolsa de plástico, donde saca un termo, un vaso y unos bizcochos, poniéndolos en la mesa. Cuando por la calle pasa Clementina, amiga de Justina ésta exclama:

JUSTINA:

¡Clementina, venga! Y me invitará a café.

La Clementina, que es más agarrada que un «chotis», responde apresurada.

CLEMENTINA:

No, no. Que tengo mucha prisa y me esperan... ¡No puedo pararme!

JUSTINA:

(entre movimientos de cabeza, a la vez que saca un segundo vaso de la bolsa). ¡No se preocupe mujer...! ¡Qué yo invito!

La visitante frena de golpe, que casi se cae de culo, afirmando.

CLEMENTINA:

En este caso le acompañaré (*Se sienta*). ¿Y qué hace usted tan temprano?

JUSTINA:

Es que en este bar se montan unas películas de «ahupa». *(manos al aire y movimientos de cabeza algo exagerados).* Pero cómo usted tiene prisa, *(abusiva, con muchísima más coña, si cabe).* no podrá verlas.

La Clementina, que tiene un rato largo de chafardera, contesta:

CLEMENTINA:

No se preocupe, usted. Sabrán esperarme. *(acomodándose de nuevo. La compañera la mira más descaradamente a la vez que insiste).*

JUSTINA:

(con algo más de coña). ¡Pero! ¿Qué pensarán quienes le esperan?

Esto incita a la «tacaña».

CLEMENTINA:

(en tono ofensivo). ¡Le dije que me esperarán!

JUSTINA:

¡Bueno, bueno...! No se enfade, mujer. *(sirve un café de de el termo).* Tome un café.

La otra se hace de rogar un poco.

CLEMENTINA:

(muy recelosa). ¡Me ha ofendido! ¿Sabe?

JUSTINA:

No sea así, mujer. Tome el café *(ofreciéndole uno de los bollos o bizcochos).*

La ofendida empieza a comer a regañadientes, mientras su compañera le hace un poco la pelota. Entre tanto, el Sr. La Rosa sigue escribiendo, poniendo y sacando papeles del maletín. Cuando llega Doña Rogelia con una cesta repleta de cosas, uniéndose al grupo.

JUSTINA:

Pensaba que ya no venía.

DOÑA ROGELIA:

¡Y perderme toda la movida de cada día...! ¡Eso ni pensarlo! *(a la vez que empieza a sacar «túperes» con comida).*

Como Clementina no la conoce, se queda un poco sorprendida y es cuando Justina la presenta.

JUSTINA:

Es una amiga mía, se llama Clementina.

La última en llegar suelta una vulgar carcajada, diciendo:

DOÑA ROGELIA:

(entre risas) ¿¡Cómo las naranjas!?. *(La pobre Clementina se siente muy ofendida e iba a contestar cuando la naranjera prosigue)*, es broma, mujer. *(Enseñándole el «túper»).* ¿Le apetecen unos callos a la madrileña?

Justina quiere contrarrestar la situación y pregunta:

JUSTINA:

¿Y qué no ha traído a su nieta, Doña Rogelia? *(estirándo-*

la del vestido al ver dicha tensión).

DOÑA ROGELIA:
Vendrá dentro de un ratito.

Insistiendo con el «túper», a la vez que saca también platos y cucharas. La Clementina no se hace de rogar y coge un plato sin demora empezando el banquete.
Entre tanto llega la nieta saltando.

NIETA:
Tengo hambre, abuela.

DOÑA ROGELIA:
¿Qué se dice?

NIETA:
¡Buenos días!

Las demás corresponden al saludo a la vez que la abuela le da un bocadillo.

ESCENA 3

El hombre del traje vuelve a abrir o a cerrar el maletín, cuando llega el Sr. Silvero, un anciano con bastantes dificultades para andar; pero, gracias al bastón, le hace más fácil la tarea. Hay un saludo muy educado por parte del argentino que el recién llegado corresponde con la mano mientras ocupa la mesa central.

Casi al mismo tiempo que el Sr. Silverio se sienta, a pesar de las dificultades que ello conlleva, entra el camarero con un café. Silverio aprovecha la ocasión para llamarlo.

SR. SILVERIO:

¡Joven!

El camarero no se inmuta lo más mínimo y esto no gusta al ochentón, pues exclama en un tono más fuerte.

SR. SILVERIO:

(sosteniendo el bastón en alto). ¡CAMARERO!

Pero Sancho contesta con el mismo tono del viejo mientras hace gestos despectivos.

SANCHO:

¡YA VAAA! *(y sin hacer caso sigue su camino).*

El viejo le mira espantado a la vez que dice al público:

SR. SILVERIO:

Esta juventud de hoy... ¡Han perdido el respeto! *(gestos negativos).*

El Sr. La Rosa está escribiendo cuando llega el mozo y deposita la taza de café en la mesa y sin más preámbulos; da media vuelta cuándo el cliente dice, extrañado:

SR. LA ROSA:

(señalando la taza). ¡Pero si esto es café!

Sancho se vuelve hacia el público diciendo con verdadera guasa:

SANCHO:

¡Y ése cree haber descubierto América! *(dirigiéndose a él, con más coña si cabe).* ¿O en su país es un calcetín?

SR. LA ROSA:

(muy sorprendido). ¡Pero vos dijisteis que no había!

SANCHO:

(cien por cien afirmativo). ¡Pero ahora ya hay!

El Sr. La Rosa no comprende lo que pasa y, haciendo gestos de incomprensión, se limita a poner azúcar en el café.

Cuando el camarero ve la «charanga» montada va al encuentro de las damas y molesto les dice:

SANCHO:

(con muy mala leche). ¿Qué se creen que esto es un comedor de beneficencia? ¡Váyanse al parqué enseguida! *a la*

vez que les obliga a recoger las cosas.

Ellas obedecen a regañadientes en todo momento. El camarero se asegura que ya no están en el bar.

Entre tanto, el anciano, muy molesto, vuelve a exclamar:

SR. SILVERIO:

¡Camarero, que es para hoy! (*mostrándole el bastón de nuevo).*

SANCHO:

(dice al público). ¡Joder con el viejo! *(después lo mira a él y contesta).* ¡Ya vaaa! *(y yendo a su lado, pregunta con mala leche).* ¿Qué pasa?

El Sr. Sancho tiene que hacer uso de la trompeta.

SR. SILVERIO:

(a la vez que, de nuevo, sostiene la dichosa trompeta en la oreja). ¿Cómo dices?

SANCHO:

(chillando). ¿QUÉ QUIERE?

El anciano contesta con el mismo tono de voz.

SR. SILVERIO:

(mientras deja de usar el artilugio). ¡GASEOSA!

Sancho no lo piensa dos veces y contesta rápidamente:

SANCHO:

¡NO HAY!

El pobre hombre sigue sin enterarse y tiene que recurrir de nuevo al aparato.

SR. SILVERIO:

¿Cómo dices?

SANCHO:

(muy mosqueado). ¡Qué no hay gaseosa, le digo!

SR. SILVERIO:

(en mallorquín). «¡Coyons lo que faltava!...» (Joder lo que faltaba). ¡Pues vas a comprar! *haciendo insinuaciones con el bastón, pero el joven ya está harto y se lo quita de las manos con fuerza.*

SANCHO:

(restregándoselo por las narices). ¡Si vuelve a levantar el bastón, me lo como vivo!

Las duras y ofensivas palabras del sirviente, asustan muy de veras al vejete que con la boca completamente abierta le mira muy sobrecogido. Mientras en el parque Justina llama con el móvil.

JUSTINA:

¡Amelia! Estamos justo al bar, tráete la mesa de playa y ven enseguida que ya ha empezado la fiesta.

ESCENA 4

Por suerte para el viejo entra el padre Blas, buen velador de sus feligreses; quedándose sobresaltado al ver el comportamiento del joven.

PADRE BLAS:

(quitándole el bastón). ¡Sancho, por el amor de Dios!

SANCHO:

(mirando el anciano, con cara de mala leche). ¡Es que me saca de mis casillas, padre!

Con las palabras del cura, el vejete remata la faena diciendo:

SR. SILVERIO:

(en mallorquín). «¡Redeu!» (Rediós). ¡Qué me des la gaseosa! *aprovechándose muy de veras de las circunstancias. Sancho saca fuego por las orejas mientras mira al anciano con desprecio, cuando el, ahora, portador del bastón lo devuelve a su dueño.*

PADRE BLAS:

¡Ay, Silverio!, Silverio *(palmaditas)*; Resignación hombre

de Dios... Resignación. A la vez que se sienta a su lado.

Como el viejo no tenía la trompeta en la oreja; es muy natural que no se ha enterado de la copla y su reacción es más bien de sorpresa.

SR. SILVERIO:

(en mallorquín). «Aquesta sí que m'es bona» (Esta sí qué es buena). *(mientras pregunta muy sorprendido).* ¿Qué me dará la extremaunción?

El sacerdote hace gestos negativos al ver la tremenda sordera de su amigo para después decir al público.

PADRE BLAS:

¡Vaya con Silverio! *(prosigue mirándolo con un poco de guasa).* No hombre de Dios... ¡Yo dije, resignación!

SR. SILVERIO:

(poniéndole la trompeta casi dentro de la boca). ¿Cómo dice, padre?

El cura se santigua implorando paciencia para después emplear un tono de voz más alto y puntualizando:

PADRE BLAS:

¡RE-SIG-NA-CIÓN!

Pero la sorpresa del capellán al ver la pronta reacción de su amigo que contesta sin demora:

SR. SILVERIO:

¡Y por qué chilla tanto, padre! ¿A caso se cree de qué estoy sordo?

El Padre Blas no puede dar crédito a la pregunta y se queda con la boca abierta mirando al público, sin salir del asombro. Para después mirar al sirviente cuando el viejo vuelve a reprochar enfadado.

SR. SILVERIO:

(dando fuertes golpes con el bastón). Esta juventud ya no tiene respeto a nada. ¡En mi juventud, jamás hicimos esto a un viejo! *(dedo en el aire).* ¡No Señor...! ¡JAMÁS!

El párroco sigue con los ojos muy abiertos mirando al público; para después desviar la mirada con lentitud hacía su amigo a la vez que hace gestos despectivos y dirigirse al camarero.

PADRE BLAS:

Anda hijo, tráenos dos aguas sin gas. Por el amor de Dios.

Mas el viejo contesta sin necesidad de trompeta.

SR. SILVERIO:

¡Qué yo quiero gaseosa!

El capellán vuelve a santiguarse, a la vez que dice a Sancho:

PADRE BLAS:

Que sean dos gaseosas, hijo...

Sancho hace la misma mueca que empleó con el argentino, y entre crispación de mandíbulas y puños cerrados, dice al público:

SANCHO:

¡Joder con la gaseosa! *(saliendo de escena bastante activo).*

ESCENA 5

Mientras tanto, llega Amelia con el recado. Las mujeres hacen un fuerte suspiro colocando todas las cosas, empezando a comer y beber cuando la más pequeña, dice:

NIETA:

(sin perder detalle de los hombres que hacen mímica). ¡Abuela me estoy aburriendo!

JUSTINA:

Pues vete a jugar la niña sale brincando cuando su protectora, prosigue: Pero no te vayas muy lejos *(la niña hace unos gestos de comprensión saliendo de escena).*

El Sr. La Rosa deja de escribir para terminar su café con toda tranquilidad y, levantándose, se quita la chaqueta, poniéndola cuidadosamente en el respaldo de otra silla.

Mientras tanto, el padre Blas entabla conversación.

PADRE BLAS:

¡Qué! ¿Cómo se encuentra hoy, Silverio?

SR. SILVERIO:

«¡Hòmo!» (hombre). Si no fuera por esta dichosa pierna *(tembleque)*, por la diabetes y los riñ... *(sin acabar por la ausencia de atención del padre).*

La desatención del cura es a razón del comportamiento del Sr. La Rosa al empezar a practicar unos pasos de gimnasia.

El desinterés del Padre Blas no gusta para nada al viejo que le mira con desagrado, para después girar la cabeza en dirección al argentino, sorprendido.

Sr. La Rosa es consciente del asombro de sus vecinos, y sin dejar sus flexiones, dice:

SR. LA ROSA:

(sin dejar las flexiones). Aja en la Argentina, soy deportista, saben, y acá... También practico..., sabéis...

El asombro es tan grande para los dos hombres, que se quedan boquiabiertos.

El cura sigue asombrado mientras Silverio deja ver una mueca de indiferencia, para preguntar:

SR. SILVERIO:

¡Ja! *(gestos con las manos)*, ¿y este, también ha tomado gaseosa, padre?

A quien va dirigida la pregunta mueve un poco la cabeza sin dejar de observar al deportista, antes de contestar.

PADRE BLAS:

Dice que hace deporte... *(aún sin salir del asombro, pregunta:)* ¿y usted cree qué es el sitio adecuado para hacer gimnasia, señor?

Mientras aparece una acentuada sonrisa en los labios del gimnasta contestando sin detenerse de sus flexiones. Las señoras que no pierden detalle también sonríen con verdadera guasa.

SR. LA ROSA:

Cualquier sitio es bueno, solo tiene que tener imaginación.

El párroco sigue completamente asombrado y se limita a hacer un movimiento con la cabeza como resignación ante la contestación, a la vez que el viejo, exclama:

SR. SILVERIO:

(completamente escandalizado). ¡Y esa juventud, Dios mío...! Esa juventud.

ESCENA 6

En todo momento, las distinguidas damas se lo pasan de lo lindo entre «picoteo».

Sr. La Rosa sigue con su gimnasia, mientras por el lado opuesto llega el camarero con la esperada gaseosa que sirve de muy mala gana. Justo después de servir la mesa llega don Antonio con un periódico en la mano, muy amigo de Sancho.

DON ANTONIO:
(Con los brazos extendidos). ¡Sancho, compañero!

SANCHO:
(exclamación exagerada). ¡Amiiiiiiigo!

Sancho deja la bandeja para abrazar al amigo y sin demora se sientan a la mesa posterior a la que ocupa el argentino, sin importarle para nada los clientes.

El atleta sigue con sus quehaceres, el padre, con las manos juntas, mira al Sr. La Rosa con mucha extrañeza y después al recién llegado y su acompañante.

SR. SILVERIO:

(con el bastón en el aire). ¡Y esa juventud, Dios mío! ¡Esa juventud!

El cura hace gestos afirmativos con la cabeza dando la razón a la exclamación del anciano, cuando llega una moderna señorita completamente asustada para hablar con don Blas. Este cambia su expresión más que contento, levantándose con los brazos abiertos.

PADRE BLAS:

¡Amap...! *(pero no puede acabar de pronunciar el nombre porque al pasar, esta, al lado del gimnasta se enamora de él, apasionadamente).*

Don Blas se siente derrotado y simplemente agacha la cabeza sentándose de nuevo. El deportista que se da cuenta, deja las flexiones ante tanta belleza y cogiéndole la mano, exclama:

SR. LA ROSA:

¡OH...! Fuisteis vos... Vos fuisteis la elegida... *(sin soltarla).*

La muchacha se queda aturdida ante las palabras y besamanos del conquistador; justo al revés del cura que le mira con desprecio. El viejo que no se entera de nada y estira del brazo al capellán, mas este le interesa más la joven y no hace caso del anciano.

SR. SILVERIO:

¿Qué le dice, padre? *(estirándole de la sotana).*

Don Blas pasa del viejo, mientras contempla a la feliz y enamorada pareja que siguen muy acaramelados.

Las cuatro «magdalenas» se ríen con ganas entre mímica sin dejar la bebida, pero ésta se termina y una de ellas exclama:

CLEMENTINA:

¡No tenemos más bebida!

JUSTINA:

¡Pues vaya usted a comprar!

CLEMENTINA:

¡Yo no puedo ten...! *(sin poder acabar por la interrupción de su amiga).*

JUSTINA:

(entre un poco de guasa). ¡Lo sé, lo sé...! Que tiene prisa... *La respuesta no gusta a la naranjera y hace gestos despectivos mientras el galán besa la mano de su enamorada.*

SR. SILVERIO:

¡Pero! ¿Por qué le besa la mano, padre? *levantándose sin necesidad de ayuda con la intención de ir al encuentro de la señorita.* Yo también se la quiero besar caminando *(en dirección a ella. El fuerte estirón del cura le obliga a apoyarse de buena gana en el bastón y al mismo capellán para no perder el poco equilibrio que, según las apariencias, le queda. La joven sigue acaramelada con los besos de su amado y entre unas recortadas palabras, exclama:)*

AMAPOLA:

Pe-ro yo, yo aún no le conozco...

La poderosa voz del romeo, resalta o resuena en el escenario.

SR. LA ROSA:

¡Callad! ¡Callad por Dios! ¡Callad amada mía...! ¡Y dejad

que sea vuestro corazón que hable por vos! *(sin soltarle la mano).* ¿Cómo os llamáis, mi reina?

Ella contesta con voz extenuada:

AMAPOLA:

A-ma-po-la... *(entre tanto suena la canción de amapola).*

La romántica declaración del atrevido galán no gusta para nada al capellán, y velando por la seguridad de su feligresa, intervine rompiendo el delicado hechizo.

PADRE BLAS:

(gritando a la vez que se levanta enérgicamente). ¡Amapola!

La estampida del eclesiástico rompe el encantamiento de la joven que, avergonzada, se refugia al costado de quien la llamó.

El supuesto romeo piensa que ha ganado el corazón de la joven y comienza a canturrear «La canción de Amapola».

El Sr. La Rosa canta la canción de Amapola.

Cuando la doncella escucha la emotiva canción, se vuelve hacia su enamorado y con la mano en el pecho; suspira de emoción.

Esto obliga al hombre de la sotana a intervenir de nuevo. Pero el bastón del viejo interfiere su intención.

SR. SILVERIO:

¡Y ahora...! ¿Por qué canta, padre?

PADRE BLAS:

(muy enfadado y con desprecio). ¡Caramba Silverio!

El viejo vuelve a usar la trompeta.

SR. SILVERIO:
¿Cómo dice, padre?

PADRE BLAS:
¡Qué se calle!

Las «penitentes» se lo montan de lo más divertido cuando Clementina levanta el termo insinuando que está vacío. Las cuatro se miran y recurren al juego «Papel tijeras» para repostar el suministro. Saliendo una de escena.

Con los brazos en cruz, el enamorado sigue entonando la mencionada canción para después seguir con sus flexiones.

Sancho y don Antonio siguen su conversación cuando la joven se abraza a su confesor y con lágrimas de cocodrilo contarle su pena.

AMAPOLA:
¡Oh, padre Blas, soy una desgraciada!

El capellán la acoge entre sus brazos de muy buena gana y mientras la consuela, dice:

PADRE BLAS:
Alabado sea el Señor, hija mía... ¡Pero! ¿Cómo puedes decir esto...?

Sin dejar de abrazarla, mientras la mano desciende hasta un poco más abajo de la cintura. El viejo ve el toqueteo y la boca se le hace agua y también quiere uniese al festín intentando meter mano. Pero el confesor se la quita.

Silverio no está de acuerdo y se dispone a atacar de nuevo, pero la acusación de la joven les sorprende a los dos.

AMAPOLA:

¡Toda la culpa es suya!

La mano de Silverio se queda paralizada a unos centímetros de las caderas de la muchacha mientras el padre también retira la suya de inmediato.

PADRE BLAS:

¡Por Dios Santo! ¡Pero si yo no he hecho nada!

AMAPOLA:

¡No usted no! ¡Mi novio! *(él hace un gran suspiro y vuelve a colocarla en el mismo sitio, abrazándola de nuevo).*

Cuando el viejo ve la decisión del cura, mira su mano que seguía en la misma postura para después mirar la del cura muy descaradamente y dándose un golpe en los labios, dice:

SR. SILVERIO:

(volviendo a mirar la posición del eclesiástico). «¡Idò! Fiet tu d'es capellàns. ¡Je!» (Pues, fíate tú, de los curas).

Con la mano firmemente apretando parte de la cintura de la muchachita, no se preocupa para nada del viejo y acariciando con más ímpetu lo que tiene entre manos parece que dicha extremidad no puede sostenerse en el mismo sitio y desciende un poco más colocándose justo encima de las nalgas.

El anciano sigue sin estar de acuerdo mientras hace gestos despectivos.

PADRE BLAS:

(mirando al argentino con desprecio que ha cambiado las flexiones por poses gimnásticas). Me di cuenta enseguida que lo vi, hija mía.

La joven levanta la cabeza que estaba apoyada en su protector, contestando:

AMAPOLA:
¡Tampoco es este, padre!

PADRE BLAS:
(sorprendido, pero sin quitar la mano). ¡Pero! ¿Cuántos novios tienes, hija mía?

AMAPOLA:
¡Uno padre!

Ante la respuesta de la inocente niña, el hombre tiene que quitarla para santiguarse a la vez que dice al público:

PADRE BLAS:
(moviendo la cabeza como un ventilador). ¡Virgen Santísima! ¡UNO...! ¡Uno dice!

Silverio se levanta con dificultad con la intención de colocar la mano donde la tuvo el capellán, cuando éste dice a la chica:

PADRE BLAS:
Anda siéntate y cuéntamelo todo. Mientras tomarás un vaso de leche. *(llamando al camarero).* ¡Sancho...! *(y refiriéndose a ella, prosigue:)* Porque yo no entiendo nada, hija mía. La verdad.

Sancho no hace caso del cliente y sigue de palique con don Antonio. La joven, obedeciendo al cura, se propone a sentarse en la silla que ocupo el padre, pero este prefiere que lo haga en otra al adivinar las intenciones de su compañero.

La reacción del Padre Blas molesta de veras al pobre viejo que, con fuerza, le estira de la sotana; ninguno de los dos quiere desistir y se arma un conflicto de mil demonios.

SR. SILVERIO:

(entre enfado y coña). ¿Y por qué no la deja entre los dos, padre?

El párroco está tan centrado en la joven y entre crispación de mandíbulas, contesta:

PADRE BLAS:

¡No ve que es un asunto muy serio! ¡Cállese hombre de Dios! *(para mirar de nuevo al camarero).* ¡Sancho! Un vaso de leche para la señorita.

SR. SILVERIO:

(con especial burla). ¡Sí! Tráesela condensada.

La guasa empleada por el viejo, hace que el camarero conteste:

SANCHO:

(sin moverse y conversando). ¡Sí, ya voy, ya voy!

Silverio sigue sin estar de acuerdo con el que tiene a su lado mirándolo con desprecio para después decir al público:

SR. SILVERIO:

¡Serio eh! *(gestos de tocar).* ¡Qué es serio, dice! ¡Sí, sí, ya lo veo ya! *(para después decir al cura).* Usted es un aprovechado. ¡Eso es lo que es!

Sin importarle las acusaciones, quien está centrado, exclama nervioso:

PADRE BLAS:

¡Qué se calle! *(para seguir con su trabajo de consuelo. A la vez que vuelve a llamar al sirviente).* ¡Sancho! ¿Y esa leche?

SR. SILVERIO:

(con más coña si cabe) ¡Sancho, y esa leche! *(para después levantar el bastón en dirección al sirviente).*

SR. SILVERIO:

¡CAMARERO!

Quien es llamado se levanta de muy mala gana para ir al lado del viejo.

SANCHO:

¡Mire que le gusta joder la marrana! ¡Eh!

El vejete levanta las cejas y haciendo gestos de no comerse una rosca, contesta:

SR. SILVERIO:

¡Hombre! *(al público).* ¡La marrana, no sé, pero...! *(mirando a la señorita).* ¡A ella...! *(gestos gráficos).*

Don Antonio se ríe con ganas de ver las reacciones de cada uno, justo igual que las «penitentes» y abriendo el noticiero, empieza a leer despreocupado.

El sacerdote parece no oír las insinuaciones del viejo y sigue con su tarea.

SR. SILVERIO:

¡O no ves que están esperando la leche!

SANCHO:

¡Antes con la gaseosa y ahora con la puta leche! *(manos a la cabeza. Para salir de escena).*

Mientras llega la portadora de la bebida.

ESCENA 7

El viejo se queda mirando el hacer del cura muy descarado mientras este sigue acariciando a su feligresa.

PADRE BLAS:

(Sin dejar de acariciarla). Te escucho, hija mía...

La pobrecita muchacha pone carita de ángel, diciendo:

AMAPOLA:

(apoyándose en su hombro). Mi novio es muy celoso y yo no sé qué hacer, padre.

El rostro del capellán cambia por completo y abrazándola más gustosamente, le responde:

PADRE BLAS:

Pues no hagas nada y quédate cómo estás... Hija mía.

Ella sigue apoyada al confesor sin importarle el toqueteo que le están propinando. Mas el capellán, parece emocionarse por momentos y aumenta su afición. Cuando la señorita intenta interrumpir la emotiva intención del padre.

AMAPOLA:

(sorprendida por el hacer del cura). ¿Qué hace Padre?

Ante la pregunta, contesta con suave voz.

PADRE BLAS:

(a la vez que la aprieta o acaricia con más entusiasmo). Tranquila, hija mía... No te preocupes.

ESCENA 8

Ante la insistencia del religioso, la joven da su brazo a torcer y soporta las caricias que van en aumento cuando llega el histérico novio pasando muy cerca de Sr. La Rosa, que tiene que retirarse para no ser atropellado quedando al margen del suceso; cuando quien llegó ve la estampa, exclama ferozmente:

TORCUATO:

(apartándola de un tirón). ¡Amapola! ¿Qué es esta indecencia?

El Padre Blas se santigua de nuevo más que nervioso.

AMAPOLA:

¡Pero Torcuato! El padre Blas solo me estaba consolando.

El cura ve una buena salida y hace gestos muy afirmativos a las palabras de la joven. A la vez que usa el pañuelo para secarse el sudor.

TORCUATO:

¡Y al parecer te daba mucho de consuelo! *(para después preguntar al cura).* ¿Verdad que la consolaba?

El pobre sacerdote siente un nudo en la garganta e intenta calmar los ánimos con buenas palabras:

PADRE BLAS:
(intentando darle unas palmaditas para tranquilizarlo). Estás... Estás confundido, hijo mío...

El exaltado pretendiente tiene muy claro lo que ha visto, contestando:

TORCUATO:
¡Ni hijo ni leches! ¡Degenerado!

Asustado, el Padre Blas se santigua de nuevo al ver que el prometido de la muchacha no va de bromas y se aparta a un lado mientras este arremete contra su novia empleando de nuevo el pañuelo para secarse.

TORCUATO:
(estirándola con fuerza). ¡Tú, a casa, qué ya hablaremos!

AMAPOLA:
¡Pero, Torcuato!

TORCUATO:
(sin soltarla). ¡A casa he dicho!

La actitud del recién llegado es tan grotesca que hace temblar al sacerdote mientras se santigua y emplea su pañuelo para secarse por tercera vez.

El Sr. Silverio se lo pasa pipa y entre carcajadas se cachondea de su amigo. Justo igual que las «penitentes» que también se ríen con ganas.

JUSTINA:

(dándole golpecitos a la espalda). ¿Qué le había dicho?

CLEMENTINA:

¡Eso no se ve todos los días! *(entre fuertes carcajadas. Cuando otra de ellas remata).*

DOÑA ROGELIA:

(también con guasa). ¡Y aún no ha llegado lo mejor!

El celoso de Torcuato, sigue tan histérico que, sin soltar la mano de su prometida, la arrastra para salir de escena. Sr. La Rosa que había contemplado los acontecimientos, deja las poses gimnásticas y sale tras ellos sin demora.

Por otra parte, Don Antonio sigue con el periódico sin preocuparse para nada del entorno.

Don Silverio culpa al religioso, diciendo:

SR. SILVERIO:

(muy positivo). ¡Esta vez sí! ¡Esta vez sí es verdad!

PADRE BLAS:

(completamente sorprendido). ¿El qué, es tan verdad?

SR. SILVERIO:

¡Qué la culpa es suya por propasarse!

El sacerdote hace un despliegue de manos, contestando:

PADRE BLAS:

¡No sea loco Silverio!

Quien acusa al de la sotana hace un guiño al público a la vez que le da un codazo y con un poco de coña, pregunta:

SR. SILVERIO:

¡Y cuándo Sancho traiga la leche! ¿Qué hará, padre?

Ante la indirecta, el cura contesta enfadado:

PADRE BLAS:

¡Se la tomará usted!

SR. SILVERIO:

¿Yo...? ¡Yo tengo de sobra! *(dándole otro codazo más fuerte).* ¿O acaso lo duda, padre?

PADRE BLAS:

¡No...! ¡Yo no dudo nada! *(también con un poco de coña, pregunta:)* Y si mal no recuerdo... Usted es sordo, ¿verdad?

El Sr. Silverio parece un rayo para colocarse la trompeta.

SR. SILVERIO:

¿Cómo dice?

PADRE BLAS:

(gestos más que despectivos). ¡QUÉ SÍ!

SR. SILVERIO:

(mientras sonríe a la vez que le sigue dando codacitos). ¡Es qué cuándo se trata de mujeres, empleo el sexto sentido! ¿Sabe?

Quien está a su lado se queda mirándole entre gestos cuando el Sr. Silverio hace un despliegue de manos, diciendo:

SR. SILVERIO:

¡Y pensar que ya la tenía en el bote!

PADRE BLAS:

(sorprendido). ¿A quién?

SR. SILVERIO:

¡Caramba padre! ¡Y usted está en el limbo! ¡No será a la leche!

PADRE BLAS:

(sin poder terminar). ¡Es que usted solo piensa en... en...!

El hombre se ve interrumpido por la llegada de una señorita de bandera, al parecer, de estas que quitan el hipo, ya que su vestimenta resalta muy bien sus curvas.

La hermosa señorita se sienta a la mesa continua a la de ellos cuando el «vejete» se decide a levantarse, pero el estirón de Don Blas le obliga a tomar asiento de nuevo para susurrarle al oído, a pesar de que el secreto es en voz baja, en esta ocasión, no tiene necesidad de competa, cuando en vejete, con una gran reverencia, le da paso intuyendo el fracaso.

PADRE BLAS:

Buenos días, señorita, ¿sería tan amable de aceptar una invitación?

La contestación de la distinguida dama desmorona toda la buena intención del capellán.

PALOMA:

Aceptaría con gusto, pero espero a mi marido que vendrá de un momento a otro *(y sonriente, añade:)* Quizá en otra ocasión.

El Padre Blas se queda cortado y se va por donde ha venido. El Sr. Silverio busca su oportunidad y no pierde detalle.

La guapa señorita se dispone a hablar por el móvil, esto ilumina al Sr. Silverio porque sabe o piensa que en cualquier momento será el suyo y en realidad acierta que, así como puede emplea el pretexto de los cordones de los zapatos, diciendo:

SR. SILVERIO:

¡Esos cordones...! ¡Siempre se desatan! *(mirando en todo momento las piernas de la muchacha. El capellán hace «ganchillo» con las manos al ver el atrevimiento de su amigo).*

La niña se emociona y cruza las piernas mientras el «vejete» sigue agachado, tal panorámica hace que pierda el equilibrio y la joven le ayuda a incorporarse. La doble intención del veterano no se hace esperar, aprovechando la situación, poniendo las manos a la cintura de quien acude en su ayuda. Una vez levantado, sigue con la misma postura.

PALOMA:

¿Está usted bien, abuelo?

El «bergante» no la suelta para nada a la vez que contesta:

SR. SILVERIO:

(con la intención de agarrarse más). Estoy algo mareado... ¡No me sueltes, hija mía!

Las «famosas chafarderas» se lo pasan de lo más «Chachi».

PALOMA:

Siéntese y se sentirá mejor.

La contestación del viejo es tan rápida que asombra a todos los presentes.

SR. SILVERIO:

¡NO...! No, que me caería. *(buscando más la cintura de la joven cuando esta se da cuenta de las intenciones del «vejete»).*

PALOMA:

¡ABUELETE! *(él se queda petrificado mirando al público con los ojos como faroles).* ¡ABUELETE! *(entre gestos con el dedo a las barbas del accidentado).*

SR. SILVERIO:

No pensarás que lo hice a propósito, ¿verdad?

La niña hace gestos despectivos, diciendo:

PALOMA:

¡YO! ¡Cómo podría pesar tal cosa...! *(sin dejar de hacer gestos).* ¡¡Ande siéntase, buen hombre...!! ¡Que no ve que ya no puede tener emociones fuertes! *(entre gestos más bien gráficos).*

Cuando oye las insinuaciones, la mira abajo de arriba, contestando:

SR. SILVERIO:

¡Si tú supieras, hija...!

PALOMA:

¿Cómo dice abuelo?

SR. SILVERIO:

¡Que sí! ¡Que ya me encuentro mejor!

El pobre ya no tiene más recursos y no le queda más remedio que obedecer a pesar de no estar de acuerdo. En el instante que suena el móvil de Paloma y hablando sale de escena.

Las componentes del grupo siguen riendo cuando entra de nuevo la nieta.

NIETA:

¡Abuela estoy cansada! *(estirándola del vestido;)* ¿Nos vamos?

DOÑA ROGELIA:

¡No!

NIETA:

¡Cómo que no!

DOÑA ROGELIA:

¡Porque no ha terminado! *(la niñita da una fuerte patada al suelo, diciendo:)*

NIETA:

¡Es que estoy aburrida, abuela...! *(estirando de la falda).* ¡VAMONOS YA!

La primogénita es tan «chafardera» o más que las otras y saca el monedero, diciendo:

DOÑA ROGELIA:

Toma diez euros y cómprate una revista *(la niña que no tiene nada de tonta, contesta:)*

NIETA:

¡Dame veinte porque las de diez ya se han terminado! *(haciendo unas sonrisas guasonas. Una vez recibido el dinero, se va dando saltos).*

Clementina que es tan tacaña, se santigua al escuchar la lección.

CLEMENTINA:

(al público). ¡Vaya con la mocosa!

Las cuatro, diremos, «doncellas» están de palique continuo cuando aparece otra señorita, esta sí, bastante más bastilla que la anterior. La interesante conversación se detiene de pronto por las atrevidas miradas de cada una de las «doncellas» al saber a qué clase pertenece la recién llegada.

JUSTINA:

¡Esperen y verán...! ¡Que lo anterior solo fue el aperitivo!

Si antes se reían de la forma del abuelo, ahora se tronchan a carcajada limpia.

ESCENA 9

La señorita en cuestión se sienta en la mesa que antes ocupó el argentino.

Los dos hombres se quedan boquiabiertos al ver tanta hermosura.

Don Blas acude sin demora en su busca, mientras el vejete se levanta con astucia y prepara una silla para que se sienta entre los dos.

PADRE BLAS:

(muy sonriente). Buenos días, señorita.

La supuesta joven corresponde con una amable sonrisa, y después al público, emocionada:

JULITA:

¡Ay...! Me ha llamado señorita *(para seguir sonriendo a quien se lo llamó).*

PADRE BLAS:

¿Aceptaría acompañarnos a nuestra mesa para tomar algo?

JULITA:

(con segundas intenciones). ¿Lo qué sea, padre?

El capellán no ha captado la indirecta de la joven y ofreciéndole la mano, contesta:

PADRE BLAS:

¡Lo que sea, hija mía, lo que sea!

Preparada la situación de las sillas, el viejo le ayuda a sentarse, consiguiendo su tenaz propósito justo al mismo tiempo que llega Sancho con la leche y poniéndosela junta a ella, se va de nuevo a sentarse con Don Antonio.

JULITA:

¡Pero si es leche!

Los dos hombres contestan a la vez:

EL PADRE Y SILVERIO:

¿Oh, no le gusta?

JULITA:

¡Me encanta la leche...! ¡Me encanta!

Don Blas, acerca un poco la silla mientras le da el vaso. Cuando el vejete se dirige a la joven con mucha coña:

SR. SILVERIO:

(al tiempo que coloca la mano en la rodilla de la joven). Pues aquí; ¡tenemos mucha de leche, si te gusta!

A Don Blas no le gusta la rápida reacción de su amigo y mueve la cabeza negativamente.

PADRE BLAS:

¡Silveeeeeeeerio!

SR. SILVERIO:

(quitando la mano muy molesto). ¡Putas...! ¡Otra vez con dominio religioso!

ESCENA 10

Desde el otro lado, Don Antonio ha seguido toda la acción de los conquistadores, hace un secreto a Sancho y este se ríe con ganas.

El portador del noticiero se levanta para ver mejor todo el proceso de sus vecinos y también sonriente vuelve a comentar al sirviente a la vez que este también se levanta para ver el desenlace final. Las cuatro magdalenas ven obstaculizada la visión a causa de los dos hombres y también se levantan para así no perder detalle. Mientras, por otra parte, Don Blas, intenta conversar con la bella señorita.

PADRE BLAS:

¡Pero tú no eres de aquí, hija mía!

SR. SILVERIO:

¿Entonces de dónde er…? *(sin poder acabar al ser interrumpido).*

PADRE BLAS:

¡Silverio!

El viejo mira al capellán completamente serio y después al público, diciendo:

SR. SILVERIO:

¡No! Esta vez... ¡NO! *(y sin perder tiempo, coloca la mano).*

Por suerte, el cura no ha percatado el comportamiento del amigo, mas este no repara en seguir. El toqueteo parece no molestar a la joven y solo se limita a contestar al de la sotana.

JULITA:

No padre, soy de «Madrizzzz».

PADRE BLAS:

¿Y qué estás; de vacaciones?

JULITA:

No padre, he venido a trabajar.

PADRE BLAS:

Entonces. ¿Vendrás a la iglesia, hija mía? *(a la vez que también pone la mano en su rodilla).*

Por suerte, la del cura ha ido a la otra rodilla de la distinguida señorita.

Silverio piensa que ya está todo en su punto e intenta deshacerse del contrincante.

SR. SILVERIO:

¿Qué no es hora de la misa, padre Blas?

PADRE BLAS:

¡Hoy tengo sustituto, gracias! *(sin dejar de mirar a la joven y manteniendo la mano en el mismo sitio).*

SR. SILVERIO:

(al público). «¡Redeu!» (Rediós) ¡Está vez no me ganará!

Cuando sin perder tiempo coloca la mano en uno de los

muslos de la distinguida señorita, más a esta no le desagrada y le mira sonriendo. Mientras, quizá por necesidad, el padre tiene las mismas ideas y se encuentra con las del contrincante.

PADRE BLAS:
(exclama muy indignado). ¡Silveeerio!

El vetusto se queda sin habla por un momento mirando al público para después también enfadado arrematar la faena.

SR. SILVERIO:
¿Y usted, quéééé?

PADRE BLAS:
¡Yo le arreglo la falda!

SR. SILVERIO:
(dando fuertes golpes en el suelo con su robusto bastón). ¡Joder qué rostro!

Por otra parte, don Antonio y Sancho siguen riendo más descaradamente al ver la tensa situación sin olvidar a las del parque.

SANCHO:
(riéndose). La gaseosa parece que está haciendo mucho efecto.

DON ANTONIO:
(también riendo de buena gana). Espera, que aún no ha llegado lo mejor.

ESCENA II

Don Blas sigue con sus quehaceres mientras el viejo saca humo por las orejas, cuando, sin pensarlo dos veces, mete mano a los postizos pechos de la supuesta señorita haciendo explotar el globo a tal efecto. El pobre hombre se queda tan perplejo que se le olvida hasta el habla, ojos escandalizados mirando al frente y muy desorbitado.

El cura se levanta de improvisto y se santigua sin parar con una velocidad de espanto.

Julito tiene las manos en el pecho más inmóvil que una estatua, mientras todos los demás se tronchan a reír a carcajada limpia.

Pasan unos segundos en la misma posición cuando la pierna de Silverio empieza a coger velocidad con un tembleque incontrolado, cuando de improviso se levanta de un tirón sin necesidad de ayuda y sin pensarlo empieza a dar bastonazos a la supuesta dama.

SR. SILVERIO:

(sin dejar de pegarle). ¡Cerdo más que cerdo! ¡Esto no pasaba cuándo yo era joven! ¡Sinvergüenza, indecente más qué indecente!

Julita, o, mejor dicho, Julito, se cubre como puede mientras el viejo sigue con su tarea a la vez que repite una y otra vez casi el mismo diálogo anterior.

El padre, intranquilo, da pasos de derecha izquierda si dejar de santiguarse.

Los espectadores se tronchan a reír mientras el viejo saca de escena al travestí a bastonazos.

El hombre está tan enfadado que no repara en Sancho que tiene que dar un salto para dar paso al ochentón.

SR. SILVERIO:

(dando fuertes golpes en el suelo con el bastón). ¡Dónde se ha visto! ¡Degenerado! ¡Esto es lo que es! ¡Un degenerado!

Con tanto movimiento, el hombre, tiene una subida de tensión y le flaquean las fuerzas. El cura ve la dificultad de su amigo y corre en su ayuda.

PADRE BLAS:

Tranquilícese, hombre de Dios, no comprende que, de seguir así tan excitado, va a estirar la pata *(ayudándole a sentarse).* ¡A mí también me ha timado!

SR. SILVERIO:

¡Estos degenerados se atreven a todo! ¡Quién me lo iba a decir, que a mi edad tocar las tetas de un hombre!

El sacerdote se santigua de nuevo, y el viejo le sorprende, diciendo:

SR. SILVERIO:

(tono de voz muy enfadado). ¡No se santigüe tanto, que usted no se las ha tocado!

Quien le escucha quiere quitar importancia al verlo tan descontrolado e intenta apaciguarlo.

PADRE BLAS:

(sin poder acabar). ¡Pero...!

SR. SILVERIO:

(a la vez que sigue golpeando el suelo). ¡No hay «peros» que valgan! ¡Yo que jamás me he puesto un supositorio para morir virgen! Y llega uno de estos, y si no vas vivo, te monta en el burro. ¡Indecente! ¡Eso es lo que son! ¡Unos indecentes!

PADRE BLAS:

Ande, ande. Siéntese y descanse.

El Sr. Silverio no está muy de acuerdo y sigue refunfuñando una y otra vez.

Las espectadoras que seguían de pie se van sentando cuando Justina pregunta:

JUSTINA:

(con un poco de coña). ¿Y a usted, que no la esperan?

CLEMENTINA:

¡Y perderme todo esto! ¡Que esperen!

Volviendo a dialogar entre ellas.

ESCENA 12

Se oyen risas entre bastidores y esto alegra al de la sotana que reconoce de quién se trata cuando entra Amapola muy contenta.

Don Blas olvida al viejo que seguía aún con el enfado para ir en dirección a la muchacha y justo cuando está cerca de ella con la intención de abrazarla, entra el argentino detrás de ella.

Con rostro desencajado por la expresión y dando una media vuelta muy exagerada, regresa al lado del viejo con cara de pocos amigos.

Después del divertido espectáculo, don Antonio y Sancho vuelven a sentarse para seguir conversando, mientras la enamorada pareja se acomoda en la mesa que, en su momento, había ocupado La Rosa, empezando a coquetear, frente a la atenta mirada del padre Blas.

Silverio, ya un poco más tranquilo, parece pasar página de lo sucedido y centrándose en la feliz pareja, se dirige a su amigo:

SR. SILVERIO:

(muy guasón). ¿O no saluda a su hija, padre?

PADRE BLAS:
(también con segundas). ¿Por qué me dice esto, Silverio?

SR. SILVERIO:
(con la misma guasa). ¿Lo del saludo, padre?

PADRE BLAS:
¡No...! ¡Lo de hija!

SR. SILVERIO:
(riéndose). ¡Hombre! Como le decía, hija mía. ¡Por esto!

PADRE BLAS:
Esto son gajes del oficio, Silverio.

El vejete hace unos gestos incomprensivos y después, picándose la mano, pregunta:

SR. SILVERIO:
(más coña si cabe) ¡Y hacer la puñeta a los demás! *(haciendo gestos muy comprometedores).* ¿También son gajes del oficio, padre?

La expresión del sacerdote, al salir por la tangente, no es la más apropiada.

PADRE BLAS:
Parece que la gaseosa le ha subido a la cabeza.

SR. SILVERIO:
(en mallorquín). «¡Sí! Còsa d'axò!» (a lo mejor). *(al público. Y viendo que no sacará nada en claro, prefiere coger otro tema de conversación, preguntando:)* ¡Qué...! ¿Qué le parece, con el deportista?

El cura se limita a hacer gestos despectivos sin contestar.

La pareja sigue tan enamorada como antes, cuando don Antonio hace un comentario a Sancho:

DON ANTONIO:

(señalando al deportista). Si fueras capaz de despistarlo *(con burla y riéndose)*; le quitaría la novia a ese guaperas.

SANCHO:

(dándole unas palmaditas). Esto está hecho, amigo.

Tanto el ochentón como el cura, han oído la conversación, y eso que la proposición se hizo en voz baja; Silverio no ha tenido necesidad de la trompeta.

SR. SILVERIO:

¿Cree usted que se la quitará? *(dando unos codacitos al que tiene a su lado, mas este le sorprende:)*

PADRE BLAS:

¡Y últimamente, no emplea la trompeta, Silverio!

Con una rapidez increíble se coloca el citado objeto, cuestionando:

SR. SILVERIO:

(con el artilugio a la oreja). ¿Cómo dice, padre?

PADRE BLAS:

(moviendo la cabeza, implorando paciencia). ¡Qué SÍ!

Silverio parece poner terreno por medio de la reacción del clérigo cuando vuelve a preguntar:

SR. SILIVERIO:

¡Qué dice! *(codacito).* ¿Se la quita o no se la quita?

Entre tanto, en el parque, las «doncellas» empiezan a apostar menos la más tacaña.

DOÑA ROGELIA:

¿Y usted, no apuesta?

CLEMENTINA:

Más adelante... apartándose un poco del grupo.

Justina hace unos gestos de «dos candelas» y las otras se ríen, eso sí, con disimulo.

El cura vuelve a hacer unos gestos antes de responder mirando a los tortolitos:

PADRE BLAS:

(mirándoles). ¡No sé, porque cambia como el viento! Pero lo sabremos en seguida.

El camarero va al encuentro de la feliz pareja.

SANCHO:

¿Qué van a tomar los señores?

SR. LA ROSA:

(siempre acento argentino). Pues, dos wiskis dobles, por favor

Sancho da media vuelta para salir de escena, pero no sin antes hacer un profundo y exagerado guiño a su amigo.

Mientras tanto, el deseo de saber la trama o argumento del sirviente parece interesar de lo lindo a los de la mesa contigua y a las del banco del parque.

PADRE BLAS:

Tengo curiosidad de ver qué tramará Sancho para salirse con la suya.

SR. SILVERIO:

(con guasa, pensando que no fue escuchado, señalando a Don Antonio). Y a mí, ¿cómo le saldrá a ese de atrás?

DON ANTONIO:

(a la vez que le pone una mano en el hombro). ¡Pues, espere y verá!

La reacción de Sr. Silverio es tan gráfica que, sorprendido, se le cae el bastón, cuando entra de nuevo Sancho, que va en dirección a los enamorados sin la bebida.

SANCHO:

Señor, le llaman al teléfono.

La Rosa está tan sorprendido, que contesta de inmediato:

SR. LA ROSA:

¡Pero no es posible...! ¡Nadie sabe de qué estoy acá!

El camarero se cruza de brazos y pregunta:

SANCHO:

¿No es usted argentino?

SR. LA ROSA:

(no pudiendo seguir al ser interrumpido). ¡Sí, pero...!

SANCHO:

¿No es usted calvo?

SR. LA ROSA:

Sí. ¡Pero...!

SANCHO:

¿No viste de traje?

SR. LA ROSA:
Sí.

SANCHO:
¿No lleva una corbata roja?

SR. LA ROSA:
Sí, pero... *(siempre sorprendido).*

SANCHO:
¡Pues es usted! *(levantando un poco la voz).* ¿Qué espera?

El argentino está tan confuso que no discute más y decide obedecer al sirviente.

SR. LA ROSA:
Sí, sí... *(levantándose y sin perder tiempo sale después del camarero).*

ESCENA 13

Casi no han salido de escena cuando el nuevo romeo se dirige a la mesa de Amapola y muy cortésmente, y sin más, le besa la mano a la vez que le habla al oído.

Eso no gusta al viejo que, haciendo un despliegue de manos, comenta al cura:

SR. SILVERIO:

¡Pero...! ¡Si no se oye nada!

Con un mosqueo exagerado, el confesor de la joven no quiere perder tiempo y contesta con prontitud para no desaprovechar detalle.

PADRE BLAS:

Esto es porque está usted sordo. ¡Use la trompeta, caramba! *(y sin rechistar, obedece las sugerencias del padre colocándose el dichoso aparato).*

SR. SILVERIO:

¡Le digo que con trompa o sin trompa, aquí no se oye nada!

El hombre de la sotana sabe que Silverio no dejará de preguntar y, levantando la mirada a lo que llamamos cielo, implora paciencia.

PADRE BLAS:
Eso es que la tiene embozaaada…

Quien recibe la respuesta mira al cura seriamente, a la vez que este está muy pendiente de las acciones de la pareja; y después a la dichosa trompeta para desatascarla.

Sr. Silverio está tan atareado en sus quehaceres que no se da cuenta de la salida de la nueva pareja y, cuando mira, en la mesa solo está el maletín.

Las ganadoras empiezan a recoger el dinero entre risas, mientras las perdedoras no dan crédito a lo sucedido.

SR. SILVERIO:
(muy sorprendido). ¿Y dónde están?

PADRE BLAS:
(enfadado). Se han marchado.

SR. SILVERIO:
¿Y por qué se han ido?

Con una mirada de arriba abajo, algo exagerada, exclama:

PADRE BLAS:
¡Buena pregunta, Silverio, buena pregunta! ¿Y usted adónde iría con una mujer?

El viejo estira el cuello con energía, para sonriente contestar:

SR. SILVERIO:
(mientras se pica las manos con un gesto comprometedor).

¡Exactamente dónde iría usted, padre!

Al escuchar tal respuesta, el religioso se santigua de nuevo mientras hace unos gestos.

SR. SILVERIO:

No importa que se santigüe tanto padre, ¡qué no sería la primera vez!

Quien lleva la sotana hace un despliegue de manos, exclamando con euforia:

PADRE BLAS:

¡Silveeerio! ¡Qué ya está bien!

El viejo parece un «chaval con un chupachup» contento de devolverle las indirectas y se ríe con ganas junto a las ganadoras.

ESCENA 14

Justo al terminar Sr. Silverio. Entra el Sr. LA ROSA y después Sancho, y al no ver a su novia, exclama:

SR. LA ROSA:

(completamente sorprendido). ¡Pero! ¿dónde está?

Sancho hace un gesto de victoria algo exagerado. Al no tener ninguna contestación, dice al de negro.

SR. LA ROSA:

¿Dónde está, señor?

PADRE BLAS:

(haciéndose el despistado). ¿A quién se refiere, buen hombre?

SR. LA ROSA:

¡A mi novia!

PADRE BLAS:

Hablaban de casarse.

Sr. Silverio se lo pasa pipa entre disimuladas risas.

SR. LA ROSA:
¡Pero si lo tenía que hacer conmigo!

SR. SILVERIO:
(poniéndose la mano a la oreja). ¿El qué, tenía qué hacer?

El Padre Blas hace un despliegue de manos al ver la postura del viejo, que sigue en la misma posición.

SR. LA ROSA:
(muy afirmativo). ¡Caramba! ¡Casarnos!

SR. SILVERIO:
(entre gestos de burla, mientras retira la mano). ¡Ya, ya!

El Sr. La Rosa muestra una gráfica forma de molestia muy detectable para todos los presentes.

SR. LA ROSA:
(pero qué muy enfadado). ¡Mujeres! ¡Todas son iguales!

PADRE BLAS:
(dándole unas palmaditas). Pues sí, hijo...! ¡Cambian como el viento!

Cuando el vejete remata la faena con ironía.

SR. SILVERIO:
(riéndose). ¡De gracias que no se han llevado el maletín, porque si encima de la novia, el maletín...!, *(con cachondeo).* ¡Habría sido una putada! ¿Verdad?

El argentino pasa de los dos y, mientras va hablando solo, sale de escena.

ESCENA 15

Llega Torcuato con la furia de un miura, preguntando por su fiel enamorada.

TORCUATO:

¿Han visto a mi novia?

SR. SILVERIO:

(en mallorquín). «¡Redeu! ¡Lo que faltava!» (Rediós, lo que faltaba). (*con mucha coña, prosigue:)* ¡Ha ido a pescar una sardina!

TORCUATO:

(completamente exaltado). ¿Dónde ha dicho?

El Padre Blas es más ágil en contestar por temor a que Silverio meta la pata de nuevo.

PADRE BLAS:

¡A comprar marisco!

TORCUATO:

¿Pero volverá?

Casi sin dejar terminar al celoso novio, el camarero, añade:

SANCHO:

¡Y me dijo que la esperaras!

El capellán mira a Sancho entre gestos y ese pasa de todo y, haciendo una mueca de pronunciada burla, mira al público. Cuando el religioso va al encuentro del recién llegado, cogiéndole de un brazo para que intente razonar.

Las «macarenas» se lo pasan de lo más divertido que hasta Clementina olvida las indirectas y se une a la fiesta.

PADRE BLAS:

Creo que es mejor estar solo… Torcuato…

TORCUATO:

(muy sorprendido). ¿Qué quiere decir…? ¡Solo!

El cura traga saliva con dificultad e inclina un poco la cabeza antes de continuar:

PADRE BLAS:

Qué Amapola no… *(volviendo a tragar saliva).* ¡No te conviene!

TORCUATO:

¿Y usted cómo lo sabe?

El Padre Blas vuelve a retorcer el cuello o la cabeza. Al parecer, no encuentra las palabras cuando el viejo explota:

SR. SILVERIO:

¡Joder, padre! ¡Dígaselo de una puta vez!

PADRE BLAS:

(histérico). ¡Silveeeeerio! ¡No sea tan bruto!

SR. SILVERIO:

(entre un fuerte despliegue de manos). ¡Tan bruto, dice!

TORCUATO:

¿Me quieren decir qué pasa de una vez? *(mientras estira la solapa del capellán; este tiene la necesidad de aflojarse el cuello alto cuando el vejete va directamente al asunto sin rodeos).*

SR. SILVERIO:

(con tono enfadado, al ver la indecisión del capellán). ¡Porque se ha ido con otro, joder!

Todos se quedan completamente paralizados por temor.

Después de las palabras del Sr. Silverio, hay unos segundos de completo silencio esperando una brusca reacción del novio de la joven; que seguía en contacto con las solapas del capellán y este parece aguantar la respiración del susto cuando Torcuato reduce el desapacible estado de histerismo a la vez que lisa la solapa del asustado religioso, y dice:

TORCUATO:

(sentándose con toda tranquilidad). Pues que bien... La esperaré

Hay unas miradas entre sí en un completo silencio sin comprender el raro comportamiento de Torcuato, pero al cabo de unos instantes Sancho parece reaccionar soltando una fuerte y vulgar carcajada.

La especial y representativa estampa de la escena, es digna de resaltar; mientras los dos más mayores, con una seriedad increíble parecen visualizar un partido de tenis entre Torcuato, que totalmente serio parece esperar el retorno de su fiel amada, y las abusivas y vulgares carcajadas del sirviente desde el otro lado escenario siempre acompañadas de burla por parte de las del Parque.

ESCENA 16

La situación es bastante incómoda para el padre, que mira de reojo al joven cuando este se frota las manos sin descanso.

El Sr. Silverio, que también está al loro en todo momento, comenta a su amigo:

SR. SILVERIO:

Pregúntele si también tiene problemas de circulación.

PADRE BLAS:

(mirándole seriamente). ¡Ya está bien, Silverio!

El vejete vuelve a hacer uso de la trompeta.

SR. SILVERIO:

(aguantando la misma posición). ¿Cómo dice, padre?

El cura ya no puede más y explota.

PADRE BLAS:

¡Silveeeerio!

SR. SILVERIO:

(con cachondeo). ¡Y si no se lo pregunta...! ¿Cómo lo sabremos?

PADRE BLAS:

¡Se quiere callar de una vez!

Vuelve a reinar un riguroso silencio.

Las manos de Torcuato siguen en constante ajetreo en el momento en que el camarero va al lado del viejo, preguntando:

SANCHO:

(dándole unas palmaditas). ¿Y por qué no se lo pregunta usted?

SR. SILVERIO:

(en coña). ¡Porque yo no soy su confesor!

SANCHO:

¡Joder con el viejo! *(haciendo gestos con las manos, sale de escena).*

ESCENA 17

Cuando pasa o cruza una monja que iba de paso, pero es sorprendida por el párroco.

PADRE BLAS:

¡Sor Virtudes, sor Virtudes!

Ella se da la vuelta y reconoce a quién fue su confesor.

MONJA:

(mientras acude a su encuentro). ¡Paaaaadre!

No es muy difícil adivinar la alegría de los religiosos en su encuentro que, después de un apasionado saludo, le hace unos comentarios al oído.

A juzgar por la expresión de la monjita, no es difícil adivinar las sugerencias del Padre Blas cuando muy convencidos deciden dejar el grupo.

Esto parece no gustar o sorprender al viejo.

SR. SILVERIO:

¿O ya se va, padre?

El cura contesta sin detenerse a la vez que toma el brazo de su compañera.

PADRE BLAS:

¡Sí, hijos míos...! ¡El deber me llama!

SR. SILVERIO:

¡Pero...! *(mirando un segundo a Torcuato, prosigue:)* ¿Y qué hacemos con este? *(señalándolo).*

PADRE BLAS:

¡Haga lo que quiera, porque yo me voy! *(y dando una palmadita al «pompis» de la monja, saben los dos de escena).*

El Sr. Silverio se queda boquiabierto de ver la reacción de su amigo cura, al ser sorprendido:

TORCUATO:

¡Por mí no se preocupen! Puedo esperar solo.

La respuesta de Torcuato es muy bien recibida por el vejete que, levantándose de improviso, asevera de muy buena gana:

SR. SILVERIO:

(empezando a caminar con rapidez). ¡Pues, hasta mañana!

Justo cuando está para salir tiene que retroceder para dar entrada a los nuevos enamorados y al ver a Torcuato sentado, ella pregunta:

AMAPOLA:

¡Torcuato! ¿Qué haces?

TORCUATO:

Esperar.

AMAPOLA:

¿A mí?

El joven la mira de abajo a arriba y muy tranquilo, contestando:

TORCUATO:

(levantándose en dirección al acompañante de lo que era su novia). A ti no. ¡A él!

TORCUATO:

¿Nos vamos...? ¡CARIÑO!

DON ANTONIO:

¡Sí! AMOR *(y cogidos de la mano, salen de escena).*

ESCENA 18

Ante la inesperada reacción de los dos hombres, Amapola está completamente anonadada, mirando por dónde se fue la nueva pareja y pateando el suelo con rabia, exclama al público:

AMAPOLA:

¡De los tres pretendientes, he tenido que dejar el argentino!

El vejete que ha contemplado el triste desenlace que ha sufrido la inocente criatura intenta poner remedio, diciendo:

SR. SILVERIO:

(a la vez que la coge de la cintura). ¡Hay hermosura! ¡Qué yo sigo sin compromiso!

Al sentir el contacto del ochentón, ella contesta quitándole la mano:

AMAPOLA:

¡No se preocupe que está usted en la lista, abuelote!

SR. SILVERIO:

¡Seguro qué soy el último!

AMAPOLA:

(empujándole para que salga de escena). ¡Pero no olvide que los últimos serán los primeros!

Justo a la salida del vetusto entra de nuevo el deportista.

SR. LA ROSA:

¡Amapola! ¿Y dónde estabas?

AMAPOLA:

¡Te estaba buscando, amor mío! *(lo toma del brazo derecho con la intención de salir, a la vez que entra la monja y sin perder tiempo se agarra al izquierdo y sin dar ninguna explicación a su contrincante, manifiesta muy contenta:)*

MONJA:

(neutralizándolo del contacto de Amapola). ¡Ya nos podemos ir!

Con el rostro desencajado, la joven ve cómo desaparecen de escena y, viendo todo su porvenir por los suelos se vuelve a pronunciar con desmesurada histeria:

AMAPOLA:

¡Esto ya es demasiado! *(con un despliegue de manos se dirige a salir, encontrándose con el padre).*

PADRE BLAS:

¡Amapola!

La hermosa doncella está más que harta de perderlo todo y no quiere desaprovechar más oportunidades.

AMAPOLA:

¡Y a usted! ¿Le espera alguien?

Ante tan inesperada pregunta, contesta ingenuo:

PADRE BLAS:

¡La hermana Virtudes para comer y la misa de las seis...! ¿Por qué?

Ella mira el reloj sin contestar y después al público, diciendo:

AMAPOLA:

Son las tres y todos ya están en su sitio *(mirando a lo único que le queda)*. ¡Así que no hay tiempo que perder!

PADRE BLAS:

(cruzando las manos inocentemente). No entiendo a qué te refieres, hija mía.

La joven lo tiene muy claro y no está decidida a perderlo, contestando muy enérgica:

AMAPOLA:

¡Ni hija ni hostias! ¡Con sotana o sin ella, este ya no se me escapa! *(y dando un bofetón en el culo del capellán, este ve la gran oportunidad y exonerado de alegría, exclama:)*

PADRE BLAS:

(mirando al cielo y con los brazos en cruz). ¡Alabado sea Dios!

Cogiéndola de la cintura, salen al tiempo que se acarician el uno del otro mientras se cierra el telón.